DISCOURS

PRONONCÉ, LE 14 JUILLET 1380, EN PRÉSENCE DE CHARLES V

PAR

MARTIN, ÉVÊQUE DE LISBONNE

AMBASSADEUR DU ROI DE PORTUGAL

PUBLIÉ PAR

NOËL VALOIS

Extrait de la *Bibliothèque de l'École des chartes,*

Année 1891, t. LII.

PARIS

1892

DISCOURS

PRONONCÉ, LE 14 JUILLET 1380, EN PRÉSENCE DE CHARLES V

PAR

MARTIN, ÉVÊQUE DE LISBONNE

AMBASSADEUR DU ROI DE PORTUGAL.

En ce qui concerne la plus occidentale des monarchies européennes, l'histoire du grand schisme d'Occident n'est point à compléter : elle est à faire. Les renseignements que fournissent sur le rôle du roi Ferdinand de Portugal les historiens allemands, français, italiens, espagnols ou portugais, se réduisent à fort peu de chose, et ce peu est souvent inexact.

Ainsi l'on admet couramment que le Portugal est demeuré fidèle à l'obédience d'Urbain VI : c'est ce que donnent à entendre ou ce qu'affirment positivement dom Rodrigo da Cunha[1], Antoine Aubery[2], Raynaldi[3], Wadding[4], Gaetano Moroni[5], l'abbé Christophe[6], MM. Cipolla[7] et Pastor[8], pour ne citer que les auteurs des ouvrages les plus répandus[9]. Je me propose d'étudier et de repro

---

1. *Historia ecclesiastica dos arcebispos de Braga* (Braga, 1635, in-fol.), t. II, p. 201.

2. *Histoire générale des cardinaux* (Paris, 1632, in-4°), t. I, *Abbrégé des anticardinaux*, p. 110.

3. *Annales ecclesiastici*, t. VII, p. 470.

4. *Annales Minorum*, t. IV, p. 236.

5. *Dizionario di erudizione storico-ecclesiastica*, t. II, p. 109 ; t. III, p. 207 ; t. LXXXV, p. 26.

6. *Histoire de la papauté au XIV° siècle*, t. III, p. 46.

7. *Storia delle signorie italiane dal 1313 al 1530* (Milano, 1881, in-8°), p. 185.

8. *Histoire des papes depuis la fin du moyen âge* (Paris, 1888, in-8°), t. I, p. 146.

9. **P.-B.** Gams (*Die Kirchengeschichte von Spanien*, Regensburg, 1876, in-8°)

duire ici, d'après deux manuscrits conservés à Rome, l'un aux archives, l'autre à la bibliothèque du Vatican[1], un document diplomatique qui a passé jusqu'à présent inaperçu[2], et qui montrera ce qu'il faut penser de cette prétendue fidélité.

L'histoire du grand schisme se confond souvent avec l'histoire de France. Il en résulte que la même pièce fera connaître aussi un curieux épisode des derniers mois du règne de Charles V.

Si le roi Ferdinand de Portugal avait eu, un moment, pleine confiance en la légitimité d'Urbain VI[3], sa sécurité ne tarda pas à être troublée par les renseignements que lui firent parvenir des Portugais résidant à Rome. Les personnages les plus lettrés de la cour de Portugal n'hésitèrent pas à déclarer nulle une élection célébrée dans des conditions aussi peu régulières; leur consultation, appuyée sur des textes canoniques traduits en portugais pour l'usage du roi, eut pour effet de plonger le mobile Ferdinand dans une étrange perplexité. Ses doutes prirent encore plus de consistance quand, peu de jours après, des voyageurs arrivant d'Italie prétendirent qu'Urbain VI, en tant que pape, s'abstenait de donner sa signature. Au surplus, Barthélemy

et la plupart des auteurs ecclésiastiques passent entièrement sous silence le rôle du Portugal. Baluze lui-même (*Vitæ paparum Avenionensium*, t. I, c. 1434) n'y fait qu'une allusion des plus fugitives.

1. Arch. du Vatican, *Armarium LIV, De Schismate*, t. XVIII, fol. 194-202 (fin du xive siècle). — Bibl. du Vatican, ms. lat. Vatic. 5608, fol. 69-76 (xve siècle).

2. N. Antonio (*Bibliotheca Hispana vetus*, t. II, p. 185) s'est borné à relever le titre de cette pièce d'après le ms. de la Vaticane. Contelorio (*Elenchus eminentissimorum S. R. E. cardinalium ab anno* 1294 *ad annum* 1430, Roma, 1641, in-4°, p. 184) a fait une simple allusion à l'ambassade de l'évêque de Lisbonne « ad Carolum, regem Franciæ, pro Schismate tollendo. » Et Antonio de Macedo (*Lusitana infulata et purpurata*, Parisiis, 1663, in-4°, p. 125) a reproduit ce renseignement sans même savoir s'il s'agissait d'une ambassade auprès de Charles V ou de Charles VI : « Nec nos quicquam certi in re non magni momenti definire possumus. » — Cependant un court passage du discours de l'évêque de Lisbonne a été récemment traduit par M. l'abbé Gayet (*le Grand Schisme d'Occident*, t. II, p. 153).

3. Il dut être avisé des premiers de l'élection d'Urbain VI par un courrier que lui dépêcha de Rome, en toute hâte, Agapeto Colonna, évêque de Lisbonne. Ce messager ayant débarqué à Aix, le sénéchal de Provence lut les lettres dont il était porteur et en envoya copie au cardinal de Pampelune, qui ne soupçonnait que depuis trois jours l'avènement de Barthélemy (déposition du cardinal de Sisteron; Bibl. nat., ms. lat. 11745, fol. 73 v°).

Prignano ne se faisait peut-être lui-même aucune illusion sur la valeur de son titre. Les cardinaux avaient eu recours à une élection simulée, sans doute dans l'intention de ratifier leur choix, ou d'en faire un nouveau, dès qu'ils pourraient se réunir librement hors de Rome. Ainsi pensait le roi ; ainsi parlait son entourage.

L'arrivée des ambassadeurs d'Urbain fut loin de modifier ces dispositions défavorables. C'étaient les deux mêmes envoyés que le pape avait accrédités auprès du roi de Castille. Ils exhibèrent, comme à Cordoue, des pièces d'écarlate qu'Urbain VI avait eu la singulière idée d'adresser aux rois et aux reines de la péninsule espagnole, en promettant de renouveler chaque année ce présent : il désirait que les monarques chrétiens pussent endosser en quelque sorte la livrée du souverain pontife[1]. Ferdinand goûta peu cette bizarre innovation. Il ne fut pas moins surpris des étranges ouvertures que lui fit secrètement, de la part d'Urbain VI, le chevalier napolitain Robert. Il s'agissait de se considérer comme le fils unique de l'Église et de s'allier au pape contre tous ceux, quels qu'ils fussent, qui tenteraient d'ébranler le trône apostolique. Urbain promettait, en échange, un accueil favorable à toutes les demandes de Ferdinand, et se proposait de lui octroyer les grâces les plus propres à rehausser le prestige de la monarchie portugaise. Le roi feignit de comprendre qu'on sollicitait son intervention contre les tyranneaux italiens qui usurpaient une portion des domaines de l'Église. Assis sur un trône placé dans l'extrême Occident, il ne pouvait guère se rendre à l'appel du saint-père : un tel rôle convenait mieux aux princes dont les états étaient plus rapprochés de l'Italie. Ferdinand espérait qu'afin de le détromper, l'ambassadeur allait lui dévoiler les menées des cardinaux. Ce calcul fut déjoué : le diplomate napolitain se renferma dans un silence prudent.

Il n'en fut point de même de son compagnon d'ambassade. Jean de Roquefeuille avait été désigné pour accomplir cette mission sur la recommandation expresse du cardinal de Vergne[2]. Il était, comme Pierre de Murles[3], tout à la fois ambassadeur

1. Cf., dans la *Cronica d'el rey D. Fernando* de Fernand Lopez (*Collecção de livros ineditos de historia portugueza*, Lisboa, 1816, in-4°, t. IV, p. 365), un passage visiblement inspiré d'ailleurs du chroniqueur castillan Ayala.

2. Déposition de l'évêque de Recanati (L. Gayet, *op. cit.*, t. I, pièces just., p. 106; cf. *ibid.*, t. II, p. 153).

3. J'ai déjà parlé de ce personnage (*le Rôle de Charles V au début du Grand*

d'Urbain VI et émissaire des cardinaux : c'est de ce dernier rôle qu'il s'acquitta le mieux. Quand Ferdinand l'eut pris à part et lui eut promis de ne livrer qu'à un seul confident le secret de leur entretien, la langue de Roquefeuille se délia : les cardinaux dont il avait mandat ne considéraient point, paraît-il, Barthélemy comme pape ; leur intention était de s'enfuir de Rome le plus vite possible, de procéder à l'élection d'un souverain pontife légitime et de ne pas laisser plus longtemps les fidèles dans l'erreur.

Cette révélation impressionna plus qu'elle n'étonna Ferdinand. Il s'en ouvrit, quelque temps après, en présence de la reine, à son principal conseiller en matière religieuse, Martin, évêque de Silves, mais en lui recommandant un silence absolu, dans l'intérêt des cardinaux. Ceci se passait à Mollêdo, où le roi était tombé malade.

Les renseignements fournis par Jean de Roquefeuille ne tardèrent pas à être confirmés[1]. On apprit successivement la retraite des cardinaux, leur rupture avec Urbain, l'élection et le couronnement de Clément VII. Celui-ci écrivit lui-même à Ferdinand pour l'engager, non seulement à le reconnaître comme chef de l'Église, mais aussi à faire arrêter, dans son royaume, les émissaires et jusqu'aux simples partisans d'Urbain. Il accrédita auprès du roi, en qualité de nonce, le célèbre inquisiteur d'Aragon, Nicolas Eymeric[2].

S'il faut en croire le prélat dont le discours nous fournit à peu près tous les éléments de ce récit, Ferdinand déploya en cette circonstance une prudence qui n'était point le trait dominant de son caractère. Avant de répondre à Clément VII, il mit l'affaire

Schisme, dans l'*Annuaire-Bulletin de la Société de l'Histoire de France*, 1887, p. 230-233).

1. Il devait y avoir quelques Portugais à la cour de Clément VII : un « rotulus pro nonnullis clericis de regno Portugalie » fut présenté au nouveau pape, dont la réponse est datée de Fondi, le 29 novembre 1378. (Arch. du Vatican, *Liber supplicationum Clementis VII antipapæ*, anni I pars I, fol. 148-150.)

2. Retenu à Anagni par Robert de Genève, il avait accepté la mission de porter aux souverains de l'Espagne la déclaration des cardinaux (Baluze, *Vitæ paparum Avenionensium*, t. I, c. 1235). Il passa par Avignon vers le 15 novembre 1378 : à cette date, je relève dans les comptes de la Chambre apostolique d'Avignon un paiement de 162 florins et 24 sols fait à Nicolas Eymeric et à Marc Ferrand, chanoine de Palencia, « qui mittuntur per dominum Papam ad omnes reges Ispanie super certis Romane Ecclesie negociis. » (Arch. du Vatican, *Introitus et exitus*, n° 350.)

en délibération dans un conseil dont l'évêque de Lisbonne a oublié, il est vrai, de nous faire connaître la composition. Le roi ne pouvait-il laisser aux clercs le soin de résoudre une question qui, en définitive, était de leur compétence ? Après de longs débats, l'assemblée se prononça dans le sens négatif : Ferdinand commettrait un péché mortel en s'abstenant d'intervenir. Tout prince catholique est tenu de défendre la foi, de protéger l'Église, principalement aux époques de schisme, et d'honorer le pape légitime. Or, on se trouve en présence d'une erreur menaçante pour la foi, l'Église et le clergé. Du schisme naît l'idolâtrie : l'antipape, les anticardinaux ne consacrent que des anti-évêques, qui, à leur tour, ordonnent des antiprêtres : par suite, tous les sacrements se trouvent profanés. Si le roi de Portugal tient à faire son salut, il doit bannir de son royaume ce simulacre de clergé et, dans la mesure de ses forces, tâcher de rétablir l'unité religieuse.

Une fois ce principe posé, restait à en trouver l'application pratique. L'évêque de Silves conseillait et offrait de tenter lui-même, à ses dépens, une démarche auprès des rois et des principaux seigneurs de la chrétienté. Il les exhorterait de la part de Ferdinand à se renfermer provisoirement dans la neutralité. Leurs Conseils cependant s'assembleraient en un lieu sûr ; une enquête au sujet des événements de Rome serait confiée à des hommes pieux, et l'Europe, éclairée, unie dans une même foi, acclamerait le pontife dont les prétentions s'appuieraient sur les arguments les meilleurs. La majorité du Conseil portugais déclara malheureusement ce rêve irréalisable. Du côté urbaniste surtout, elle entrevoyait de grandes difficultés. Si ce parti n'eût été composé que d'hommes convaincus, comme la masse des Espagnols, des Allemands et des Hongrois, on eût pu essayer de lui faire entendre raison. Mais il comptait un grand nombre d'esprits aveuglés par l'intérêt, par l'orgueil ou la haine : les Romains, par exemple, n'entendaient obéir qu'à un pape dont le siège fût à Rome ; les Italiens considéraient comme un gage de richesse la présence du souverain pontife sur le sol de l'Italie. D'autres, par jalousie (je suppose qu'il s'agit des Anglais), et pour contrecarrer la politique française, étaient gens à refuser leurs hommages à tout pape reconnu par Charles V. Autant d'urbanistes que les Portugais jugeaient irréconciliables. L'évêque de Silves aurait voulu qu'au moins on tentât une démarche : si peu qu'elle réussît, elle aurait toujours pour résultat de circonscrire le schisme, et, qui sait ? les pays les plus récalcitrants se laisseraient gagner peut-être par l'exemple des autres. Mais le Conseil, considérant le temps que l'on perdrait à la poursuite d'un avantage des plus aléatoires, dissuada Ferdinand de prendre une initiative qui convenait mieux, en définitive, à un empereur qu'à un roi de Portugal. Le projet de congrès européen, comme ailleurs le projet de concile œcuménique, fut définitivement écarté.

On décida alors que Ferdinand se bornerait à s'éclairer lui-même, pour pouvoir se prononcer en toute sûreté de conscience. L'enquête fut confiée à des religieux intègres, pieux, lettrés, par conséquent plus difficiles à circonvenir. De Rome, où ils allèrent questionner les témoins des événements de 1378, ils rapportèrent la preuve d'un certain nombre de faits, jugés dès lors incontestables : menaces adressées aux cardinaux avant et pendant le conclave ; pression exercée sur eux au moment même de l'élection de Barthélemy ; retraite du sacré collège et élection de Clément VII opérées dans un délai aussi bref que possible. Le Conseil se prononça contre Urbain. Ferdinand, à son tour, plein de méfiance à l'égard de la populace romaine et de respect pour le caractère de la plupart des cardinaux, ne pouvant d'ailleurs imaginer que des vieillards circonspects voulussent de gaîté de cœur accréditer le mensonge, cessa de recevoir les bulles du pape de Rome. Après avoir ainsi donné l'exemple de la neutralité, il eut la satisfaction de le voir suivi, dans les deux mois, par tous les monarques chrétiens de la péninsule espagnole, Henri II de Castille, Pierre IV d'Aragon et Charles II de Navarre.

Il ne s'en tint pas là. Les doutes qu'il conservait au sujet de la légitimité de Clément s'évanouirent d'autant plus rapidement qu'en présence des attaques dont il était l'objet Urbain VI semblait garder le silence : à vrai dire, ses messages étaient interceptés par ordre du duc d'Anjou ou des cardinaux d'Avignon[1]. Le peu de succès obtenu en Aragon par l'abbé de Sassoferrato

---

1. Le 16 février 1379, une somme de 21 florins 12 sols est payée, par ordre des cardinaux d'Avignon, à Jean de Beaune, sergent d'armes du roi de France, et à Jean Bellin, huissier de la cour du duc d'Anjou, « pro expensis per ipsos factis conducendo archidiaconum de Barroso in ecclesia Bracharensi, legatum Bartholomei, olim archiepiscopi Barensis, de Montepessulano apud Avinionem, qui archidiaconus fuit positus in carceribus Palacii apostolici Avenionensis. » (Arch. du Vatican, *Introitus et exitus*, n° 350.)

contribua également à discréditer la cause urbaniste aux yeux de Ferdinand[1]. Enfin, des envoyés de Clément VII (ceux-là parvenaient sans peine jusqu'au roi) insistèrent pour que Ferdinand franchît le dernier pas[2].

Ce projet rencontra bien encore quelque opposition dans le Conseil. Une démarche collective des rois de la Péninsule, notamment auprès de Charles V, souriait aux partisans de la neutralité, convaincus que, si l'Angleterre, par exemple, voyait ses adversaires faire acte d'impartialité, elle en viendrait, par point d'honneur, à se détacher elle-même d'Urbain. Mais la majorité du Conseil soutenait, avec quelque apparence de raison, que les puissances urbanistes, loin de se laisser entraîner vers l'indifférence, verraient plutôt dans ce mouvement de recul des clémentins un encouragement à persévérer dans leur propre croyance. La situation du Portugal appelait surtout un prompt remède. Là, comme ailleurs, la masse du peuple avait oublié le sens des mots « impression, intrusion », tombés en désuétude depuis la translation du saint-siège hors de l'Italie. Plus on tarderait à proclamer Clément, plus il serait difficile de faire admettre la nullité des droits d'Urbain. Enfin, du moment que Ferdinand croyait à la légitimité de Clément, il avait le devoir de lui obéir, sous peine de péché mortel.

C'est ainsi que le roi de Portugal fut amené à se déclarer pour Clément VII, en la ville d'Évora, probablement avant la fin de l'année 1379[3]. Martin, l'ancien évêque de Silves, transféré à Lisbonne, célébra une grand'messe[4]; un discours solennel rappela

1. Perfetto Malatesta, abbé de Sassoferrato, termina son *de Triumpho romano*, à Barcelone, le 10 juin 1379.

2. L'envoi en Espagne de frère Ange, évêque de Pésaro, date environ du 13 juillet 1379 (Arch. du Vatican, *Introitus et exitus*, n° 353, fol. 16 r°). Vers le 24 août, un chevaucheur part d'Avignon avec un grand paquet de soixante bulles : il doit tâcher de rattraper les ambassadeurs envoyés aux rois de Castille et de Portugal; s'il ne les rejoint à Barcelone, il doit aller plus loin (*ibid.*, fol. 33 v°).

3. Dans une lettre du mois de mai 1380 (v. plus loin), le duc Louis d'Anjou parle de cette déclaration comme ayant eu lieu longtemps auparavant. Dès le 29 novembre 1379, le collecteur apostolique de Portugal versait au trésor d'Avignon une somme de 600 florins (Arch. du Vatican, *Introitus et exitus*, n°* 352 et 353).

4. A. de Macedo (*op. cit.*, p. 126) attribue à l'évêque de Lisbonne la plus grande part dans la conversion de Ferdinand au parti de Clément VII, sur laquelle il ne fournit, d'ailleurs, aucun renseignement précis.

les résultats de l'enquête, et des lettres contenant la déclaration du roi firent connaître en même temps les doutes qu'il avait eus et les solutions qu'on lui avait suggérées.

Suivant l'évêque Martin, l'esprit de foi, l'amour de la justice, le dévouement aux intérêts de l'Église, le désir de préserver le peuple portugais du péché d'idolâtrie, tels furent les seuls motifs d'une détermination à laquelle la politique demeura totalement étrangère. Ce n'est point tout à fait l'avis des urbanistes. Le chroniqueur Fernand Lopez soutient que cette décision, également contraire aux vœux de la plus saine partie du Conseil et aux sentiments unanimes de la population, fut arrachée à Ferdinand par un prélat d'origine castillane (l'évêque de Lisbonne), à la suite d'une démarche du roi Jean Ier de Castille, lequel avait été lui-même endoctriné par Charles V[1]. Je pourrais citer, d'autre part, une phrase de Louis d'Anjou qui attribue la prompte décision de Ferdinand au désir qu'avait ce roi de lui être agréable[2].

Le Portugal, à cette époque, entretenait, il est vrai, des rapports amicaux avec le roi de Castille, le roi de France et le duc d'Anjou. Ainsi l'infante Béatrice, héritière du trône de Portugal, après avoir été fiancée à un fils naturel de Henri de Trastamare, paraissait destinée alors à épouser le fils nouveau-né du roi Jean de Castille[3]. Peu de temps auparavant, les flottes réunies de Castille et de Portugal avaient fait, dans les eaux de la Bretagne, une démonstration en faveur de la France[4]. Il faut ajouter qu'une aversion commune pour le monarque aragonais avait rapproché le roi Ferdinand et le duc d'Anjou : au mois d'avril 1378, ces deux princes s'étaient entendus pour attaquer de concert l'Aragon[5]. Mais s'ensuit-il que l'influence de la France et de la Castille

---

1. *Cronica d'el rey D. Fernando*, p. 377.

2. Voir la lettre reproduite plus loin.

3. Vicomte de Santarem, *Quadro elementar das relações politicas e diplomaticas de Portugal com as diversas potencias do mundo* (Pariz, 1843, in-8°), t. I, p. 240.

4. L. Delisle, *Mandements de Charles V*, n° 1392.

5. Il existe dans le ms. français 5044 de la Bibl. nat. (n° 70) une lettre originale du roi Ferdinand, datée du 25 mars 1377. Le monarque portugais fait savoir que le duc d'Anjou lui a envoyé Robert de Noyers et Yves le Gerval pour négocier avec lui un traité dirigé contre le roi d'Aragon, et il s'engage, durant quinze jours, à ne point traiter séparément avec le roi Pierre IV. Cette première ambassade fut, non pas précédée, comme le croient Santarem et R.-Francisque Michel (*les Portugais en France et les Français en Portugal*, Paris, 1882,

ait déterminé l'adhésion de Ferdinand à Clément VII? Vainement je cherche trace d'une démarche de Charles V auprès du souverain portugais. Quant au roi de Castille, loin de faire à cette époque de la propagande clémentine, il s'obstinait, en dépit de Charles V, à garder la neutralité. C'est bien plutôt le roi d'Aragon qui eût pu donner à Ferdinand l'exemple d'une sorte d'adhésion tacite à Clément VII; et, effectivement, l'évêque de Lisbonne semble indiquer que la conduite de Pierre IV ne fut pas sans influence sur la détermination du roi de Portugal. Mais, en ce cas, étant donné les sentiments d'inimitié que les deux monarques nourrissaient l'un pour l'autre[1], en quoi l'entraînement subi par Ferdinand pourrait-il être qualifié de calcul politique?

Quoi qu'il en soit, l'obédience du pape d'Avignon s'étendait désormais au Portugal. Révocations de prélats urbanistes[2], requêtes adressées à Clément VII par l'infant Jean, frère du roi[3], extension nouvelle donnée par le même pape au cadre des études de l'université de Lisbonne[4], dispenses accordées à l'infante Béa-

---

in-8°, p. 8), mais suivie d'une autre ambassade dont firent partie Arnauld d'Espagne, sénéchal de Carcassonne, Raymond Bernard Flameng et Jean Forez. Leur relation, qui se trouve tout au long dans le ms. fr. 3884 de la Bibl. nat. (fol. 32 et suiv.), prouve qu'ils quittèrent Toulouse le 26 janvier 1378, se rendirent, pour commencer, chez le comte de Foix, chez les rois de Navarre et de Castille, et ne rejoignirent que le 15 avril le roi Ferdinand, à Santarem. Leur audience solennelle eut lieu le 19 avril, et leur audience de congé le 1er mai. Dans l'intervalle, ils arrêtèrent avec le roi de Portugal le plan d'une campagne contre le roi d'Aragon.

1. Cf. une lettre du cardinal de Viviers aux cardinaux de Florence et de Milan (Baluze, *op. cit.*, t. II, c. 864).

2. Clément VII enleva notamment le décanat de Lisbonne à l'urbaniste Dominique Perez, et il en eût pourvu un jeune clerc qui n'avait point l'âge canonique, si le roi ne lui eût adressé à ce sujet des représentations. Ferdinand pria également Clément VII de révoquer le don que celui-ci venait de faire à un étranger de la trésorerie de l'église de Lisbonne. La réponse favorable du pape est datée du 13 juin 1380. (Arch. du Vatican, *Liber supplicationum Clementis VII antip.*, anni II pars II, fol. 133 r°.) Citons, vers la même époque, le rôle présenté par un certain Martin, récemment nommé par Clément VII évêque d'Évora. (*Liber supplicationum Clem. VII*, anni II pars IV, fol. 108 v°.)

3. La réponse du pape est datée d'Avignon le 29 février 1380 (*ibid.*, fol. 79 r°).

4. Bulle du 7 juin 1380 (H. Denifle, *die Universitäten des Mittelalters bis* 1400, Berlin, 1885, in-8°, t. I, p. 531). A peine le roi Ferdinand s'était-il déclaré que l'université transférée en 1377 de Coïmbre à Lisbonne avait adressé son rôle à Clément VII : la réponse du pape fut antidatée sur la demande expresse de l'université (*ibid.*, p. 530 et 532, note 1221).

trice en vue de son mariage avec l'infant de Castille[1], tout, jusqu'aux allusions de Clément à l'emploi qu'il comptait faire des revenus apostoliques du Portugal[2], atteste le triomphe du pape d'Avignon.

La politique de Clément VII a toujours tendu à réunir en un faisceau compact les royaumes de son obédience. Il ne crut pouvoir mieux consacrer sa victoire qu'en resserrant les liens qui déjà rattachaient le Portugal à la France. Il voulait, écrivit-il à Ferdinand, voir s'établir entre les deux maisons qu'il chérissait le plus une sorte d'alliance charitable, conclue surtout en vue de la défense de l'Église.

Jamais proposition ne fut mieux accueillie. Non seulement le Conseil assemblé à cette occasion rendit hommage à la constante orthodoxie de la maison de France ; mais il déclara que le royaume des fleurs de lys avait des titres très particuliers à la reconnaissance des Portugais. N'était-ce pas à l'intervention de saint Louis auprès d'Innocent IV qu'on devait le règne réparateur d'Alphonse III, trisaïeul du roi Ferdinand ? Pour renouveler une alliance qui répondait si bien aux souvenirs du passé, l'on désigna un chevalier, dont j'ignore le nom, et l'évêque de Lisbonne.

A la cour d'Avignon, où je retrouve d'abord les traces de ces ambassadeurs[3], ils présentèrent à Clément VII un rôle de suppliques[4] et s'acquittèrent d'une mission auprès du duc d'Anjou. C'était vers le mois de mai 1380. La bibliothèque Barberini, de Rome, possède deux lettres que le duc Louis écrivit alors au roi

---

1. La bulle, datée du 7 juin 1380, autorise d'une manière générale l'infante Béatrice à contracter mariage avec un parent. Elle prend en considération « eximie devocionis sinceritatem summeque fidelitatis puritatem quibus carissimus in Christo filius noster Fernandus, rex Portugalie illustris, genitor tuus, erga nos et Sedem ipsam clarere dinoscitur, et quibus nos et Romanam Ecclesiam, tanquam ipsius specialis filius et devotus, studet multipliciter honorare. » (Arch. du Vatican, *Reg.* 292, fol. 25 r°.)

2. Le Laboureur, *Histoire de Charles VI*, t. I, p. 51.

3. A. de Macedo (*op. cit.*, p. 126) parle en ces termes du voyage de l'évêque Martin : « Duabus majoribus triremibus vectus, regio ad elegantiam cultu ornatis et bellico ad pugnandum, Avenionem navigavit ; ... in gravissimo patrum conventu ad id coacto, Lusitaniæ regem ... in ejusdem fide et obsequio esse ac in posterum fore eleganti oratione exposuit. »

4. La réponse du pape à ce rôle de suppliques porte la date du 4 juillet 1380. (Arch. du Vatican, *Liber supplicationum Clementis VII antip.*, anni II pars IV, fol. 224 r°.)

et à la reine de Portugal : ce prince y exprime, en termes émus, la joie et la reconnaissance que lui avait causées la déclaration de Ferdinand[1].

D'Avignon les ambassadeurs se proposaient de gagner Reims :

1. Ms. Barberini XXX 174, fol. 15 v° et 16 r°. — « Serenissimo principi domino Fernando, Dei gratia regi Portugalie, fratri nostro carissimo, Ludovicus, etc. Serenissime princeps, demum per reverendum patrem episcopum Ulixenensem vestras credencie litteras leto vultu, jucundiorique mente per eorum verba percepimus vestre regalis Magnificentie serenissimeque principisse regine, consortis vestre et sororis, ac inclite infantisse vestre neptisque nostrarum precarissimarum status prosperos et felices, personamque vestram et earum vigere corporea sospitate... Serenissime princeps, quantum gaudium quantamque leticiam attulit sanctissimo domino pape domino Clementi VII° atque nobis dictorum vestrorum ambaxiatorum legacio, non possemus explicare scripturis, que pro certo apud dictum dominum papam nosque et cunctum populum utriusque sexus notabilissima et de personis circumspectis reputatur et debet merito reputari. Unde, serenissime princeps, et etiam de declaratione quam diu fecit eadem Serenitas adherendo dicto domino pape partemque suam fovendo, quod et facere tenentur omnes fideles catholici, et quam declaracionem distulisse potuisset vestra Celsitudo, nisi fervor amoris quem ad nos gerit eadem Serenitas ipsam ad hoc, ut specialiter confidimus, commovisset, eidem Celsitudini quas possumus referimus gratiarum actiones ; scientes, frater carissime, quod facta et negocia prefati domini pape et ecclesie sancte Dei nunc ubique, per Dei gratiam, prosperantur. Serenissime princeps et frater carissime, post multiplicata rogamina regis Castelle nobis facta super missione nostrorum ambaxiatorum penes ipsum pro tractatu pacis inter nos et regem Arragonum, dilectos et fideles dominum Johannem de Aramo, etc., duximus destinandos, cum inhibitione tamen expressissime per nos sibi facta quod ad nullam conclusionem condescendant, nisi vestra Celsitudo de juribus et actionibus que et quas habet contra dictum regem Arragonum ad plenum contentetur. Verum, serenissime princeps, frater carissime, quoniam, prout nobis dictus rex Castelle per suas litteras intimavit, ipse et dictus rex Arragonum intendant, in isto mense, in certo loco mutuo se videre, et ob hoc nobis etiam scripserit ut dictos ambaxiatores nostros ad ipsum eo tunc vellemus destinare, et jam iter suum arripere sunt parati : hoc autem Serenitati vestre nunciamus, ut, si vobis videatur expediens, ambaxiatores vestros cum potestate sufficienti ibidem destinetis. Et super hoc ambaxiatoribus nostris mandavimus vobis, dum fuerint in partibus, adventum suum per litteras aut nuncios intimare... » — La lettre du duc d'Anjou à la reine de Portugal (Léonore Tellez) est rédigée à peu près dans les mêmes termes ; toutefois elle précise la date de l'entrevue projetée entre les rois de Castille et d'Aragon : « in isto mense maii » ; et, par suite, elle révèle la date de la lettre elle-même, ou plutôt des deux lettres du duc d'Anjou, qui ont certainement été écrites et expédiées en même temps. — Il n'est pas inutile d'ajouter qu'au mois de mai 1380, le duc d'Anjou se trouvait effectivement à Avignon. (Cf. D. Vaissete, *Histoire générale de Languedoc*, édit. Privat, t. IX, p. 879.)

on croyait alors que le roi des Romains allait y venir conférer avec Charles V au sujet des affaires de l'Église. L'évêque de Lisbonne n'avait garde de laisser échapper une si belle occasion de développer ses vues. Mais, parvenus à Chalon-sur-Saône, les Portugais apprirent que la diète n'aurait point lieu : ils se rendirent directement à Paris.

L'évêque de Lisbonne fit aussitôt demander à Charles V la permission de prononcer devant lui un de ces discours d'apparat dans lesquels, suivant l'usage de l'époque, l'orateur déployait toutes les grâces de son style et toutes les richesses de son érudition. Charles V, en cette circonstance, avoua sa préférence pour une moins solennelle harangue. Il n'y a point lieu de le regretter. Le discours que prononça l'évêque de Lisbonne le 14 juillet 1380 avait, aux yeux des amateurs, l'inconvénient de manquer de « thème »; le prélat eut soin de s'en excuser lui-même, alléguant, avec une certaine coquetterie, qu'on l'avait pris au dépourvu : « Lorsque je suis entré dans le Palais, dit-il, je ne croyais pas avoir aujourd'hui mon audience. » Mais, bien qu'imparfaitement préparé, et peut-être pour cette raison même, le discours de l'évêque Martin contient plus de faits que de phrases; malgré certaine redondance et un luxe exagéré de citations sacrées ou juridiques, il constitue un monument historique de la plus haute utilité.

Je ne reviens point sur l'exposé des circonstances qui avaient amené la déclaration de Ferdinand. Chemin faisant, l'évêque caractérisa sévèrement la conduite des Italiens, ce peuple chez lequel l'esprit de révolte était inné : il indiqua comme unique cause du schisme l'impatience avec laquelle cette nation supportait la domination des papes, des cardinaux et des officiers français. Le Portugal, au contraire, fut représenté comme un des pays les plus dévoués aux intérêts de la foi : l'orateur évoqua les glorieux souvenirs d'un Alphonse Ier se taillant son royaume en plein empire sarrazinois, et d'un Alphonse IV remportant sur le roi de Grenade la victoire de Salado. Je laisse à penser de quelles louanges il combla le royaume de France.

« Il est certain, ajouta-t-il, que Votre Majesté Royale entend pacifier et, je n'en doute pas, pacifiera la chrétienté, aujourd'hui divisée par le schisme, extirpera l'idolâtrie et fera prêcher dans tout l'univers une seule église catholique. Certes, le besoin s'en fait sentir, depuis qu'à l'exemple des Grecs, les misérables Romains s'efforcent d'édifier une église d'iniquité..... Puisse se vérifier en vous la prophétie d'Isaïe : « Et une fleur naîtra de sa racine, — « c'est-à-dire la fleur des rois de France. — Et l'Esprit du Seigneur « reposera sur lui, l'esprit de sagesse et d'intelligence, l'esprit de « science et de piété, l'esprit de conseil et de force. Et il sera rem- « pli de l'esprit de la crainte du Seigneur. Et il tuera l'impie par le « souffle de ses lèvres. La justice sera la ceinture de ses reins, et la « foi lui servira de baudrier[1]. » Comme donc tous les regards d'Is- raël se sont tournés vers vous, dans l'espoir que vous mettiez un terme à ce schisme maudit, le roi de Portugal, notre maître, fils catholique de la sainte Église de Dieu, vous apprend par notre bouche qu'il a le dessein de consacrer toutes ses forces au rétablis- sement de l'unité..... Prince très chrétien, une double gloire vous est immanquablement réservée : gloire dans le temps et gloire dans l'éternité. Vous serez en possession de la gloire temporelle quand chacun des catholiques, voyant l'œuvre salutaire opérée par vos mains, ne pourra s'empêcher de verser des larmes d'allé- gresse et d'adresser à l'Église ce cantique : « Lève-toi, hâte-toi, « mon amie, ma colombe, ma belle ! Viens, l'hiver est passé, la « saison des pluies est terminée, — je veux dire que c'en est fait de « l'orgueil des Romains. — Les fleurs ont apparu sur notre terre ; « — je veux parler des rois de France. — C'est le moment de tail- « ler la vigne[2]. » Et vos ennemis diront : « Pourquoi l'Église ne « revivrait-elle pas ? Autour d'elle fleurissent les roses et les lys des « vallées. » Et l'Église à son tour chantera : « Soutenez-moi avec « des fleurs, fortifiez-moi avec des fruits ; car je languis d'amour. « Le bien-aimé — c'est-à-dire le roi de France — met sa main « gauche sous ma tête, et, de sa main droite, il s'apprête à « m'étreindre[3]. » Quant à la gloire éternelle, c'est la récompense promise à celui qui combat pour la foi. Puisse vous la décerner, à vous et à tous ceux qui m'écoutent, Celui qui vit depuis le com- mencement et qui vivra toujours dans les siècles des siècles ! Amen. »

Tandis que l'envoyé portugais célébrait en ces termes pompeux les hauts mérites de Charles V, le roi Ferdinand manifestait le plus grand empressement à sceller par un mariage l'intime alliance

1. *Isaïe*, XI, 1-5.
2. *Cant.*, II, 10, 11, 12.
3. *Cant.*, I, 5, 6.

du Portugal et de la Castille, ce qui constituait encore un succès pour la politique française[1]. Mais, au même moment, un traité secret conclu entre le roi de Portugal et le duc de Lancastre approuvait les prétentions du prince anglais au trône de Castille et arrêtait le plan d'une campagne d'invasion contre le royaume allié[2] : triste exemple de la versatilité et de la duplicité du roi Ferdinand.

En France on ignorait les conventions d'Estremoz; rien ne pouvait faire alors soupçonner la bonne foi du roi de Portugal. Aussi les paroles de l'évêque de Lisbonne durent-elles retentir doucement aux oreilles de Charles V.

Qu'était-ce, en effet, que ce récit de la conversion spontanée de Ferdinand, sinon la justification de la conduite du roi de France? Et comment eût-on pu mieux répondre à la pensée de Charles V, calmer peut-être les scrupules de sa conscience alarmée, qu'en démontrant, comme l'avait fait l'envoyé portugais, l'impossibilité d'une entente préalable entre les différents princes chrétiens? Voir successivement, non tous les rois (c'eût été difficile), mais le plus grand nombre adopter le pape de son choix, rendre hommage, par conséquent, à la justesse de son coup d'œil et à la sincérité de son zèle, tel était le rêve caressé par le souverain français, dont la confiance, il est vrai, tendait depuis quelque temps à s'affaiblir. Mais, après l'adhésion de la Sicile et de l'Écosse, celle du Portugal venait à point pour relever ses espérances. Elle semblait tout au moins présager la prochaine déclaration des rois de Castille et d'Aragon en faveur de Clément VII. Charles V pouvait mourir : il ne devait point emporter dans la tombe le sentiment amer d'un isolement complet, d'une responsabilité que personne ne voulût partager.

Après avoir pris connaissance du discours de l'évêque de Lisbonne, ce n'est pas sans quelque étonnement qu'on relira la phrase de Raynaldi : « Le Portugal a eu l'honneur de demeurer constamment fidèle à l'obédience de Rome, en dépit de toutes les séductions et de toutes les menaces des schismatiques. »

N. VALOIS.

1. Santarem, *loco cit.*
2. Rymer, *Fœdera*, t. IV, p. 94.

Composicio[1] *facta per reverendum in Christo patrem et dominum Martinum, Dey gracia Ulixbonensim episcopum, ambaxiatorem domini Fernandi, regis Portugalie et Algarbii illustris, coram serenissimo principe domino Karolo, rege Francie illustri, XIIII[a] die mensis jullii, anno Domini millesimo CCC[o] octuagesimo*[2].

Serenissime princeps et benignissime domine, ut melius videantur que ego debeo proponere coram Serenitate vestra, ego intendo facere tria. Primo intendo premittere unam humilem supplicacionem. Secundo intendo submittere unam brevem et debitam excusacionem. Tercio intendo venire ad facti proposicionem, et in ista tercia parte ego intendo facere tria : primo intendo premittere et justificare processum sub quo dominus meus rex Portugalie fuit declaratus et habuit pro vero papa dominum Clementem septimum et vero vicario Jhesu Christi; secundo intendo submitere causam nostri adventus et ambaxiate ad Serenitatem vestram; tercio, concludendo, intendo inferre unam debitam et justam solicitacionem. Per istam enim divisionem clarius patere po[s]sunt proponenda, cum sit conclusio Aristotilis manifesta quod via divisiva facilius cognoscuntur incomplexa.....

Veniendo igitur ad primum, amanti[s]sime princeps, ego supplico vestre Serenitati humiliter et benigne quod, si in ista presenti proposicione aliqua minus bene dixero, vel minus bene ordinavero....., quod defectum meum supleat vestre Serenitatis magna nobilitas et benivola supportacio. Tanti regis habeo enim aliquas causas legitimas suplicandi. Primam enim causam legitimam suplicandi, licet non obtinendi, tanquam notoriam, obmito, que est defectus sciencie, et elloquencie..... Secunda causa est brevitas temporis. Ad veritatem, quando modo ante prandium intravi Palacium, non credebam me habere debere audienciam ad dicendum..... Tercia causa sit viarum inordinacio. Homines enim viatores, sicut ego sum de presenti, naturaliter non consueverunt esse bene dispositi, nec bene ordinati, ad componendum, digrediendum et proferendum..... Quarta causa concludens omnia est vestre Serenitatis presencia et

---

1. Peut-être pour : « Proposicio. »

2. J'ai cru devoir retrancher la plupart des citations de textes sacrés ou juridiques, qui allongent inutilement ce discours.

asistencia, coram qua quantumcumque magnus in omnibus posset merito formidare..... Et hoc breviter de primo.

Veniendo ad secundum, benegni[s]sime princeps, quando ego recessi de Avinione, erat michi spes certa quod rex Bohemie debebat vobiscum tenere dietam in civitate Remensi super factis Ecclesie[1], et per viam, propter reverenciam Ecclesie et honorem Serenitatis vestre et domini mei regis, ordinabam me, meliori modo quo poteram, quando opportunitas se offerebat, ad faciendum coram Serenitate vestra et ejusdem regis Bohemie proposicionem solempnem cum theumate et prosecucione. Quando autem fuimus apud Cabilonensem civitatem, in Burgundia, audivimus certa nova quod rex Bohemie, alliis occupatus negociis, predictam dietam tenere non potuit, et ista nova non fuerunt michi ad consolacionem laborum maris et terre. Sperabam enim et sperare poteram, si illa dieta teneretur, pacem Ecclesie et per consequens fidey unitatem, et tam gravia parata scandala inter fideles sedari posse. Set ille hostis antiquus qui, post occassum suum, conatur principaliter scindere Ecclesie unitatem et humanum genus evertere, permissione divina, propter peccata nostra, satis operatus est ut talis dieta impediretur. Quando hec audivi, satis turbatus, cessavi ab inceptis. Cum autem fui hic Parisius et vidi ambaxiatores solempnes dicti regis Bohemie, ducem videlicet Brabancie et socios suos.....[2], feci requiri Serenitatem vestram per archidiaconum Cordubensem, secretarium vestrum[3], quod, si placeret eidem Serenitati,

---

1. C'est la diète dont parle le cardinal de Viviers dans la lettre que Baluze (*op. cit.*, t. II, c. 869) a faussement imprimée sous la date de 1381 (cf. C. Höfler, *Anna von Luxemburg*, dans *Denkschriften der kaiserl. Academie der Wissenschaften, phil.-hist. Classe*, t. XX, Wien, 1871, p. 130, note 5). Mais le roi Wenceslas, après s'être avancé jusqu'à Aix-la-Chapelle, où il se trouvait encore le 13 juin 1380, rétrograda sur Cologne et Francfort (Th. Lindner, *Geschichte des deutschen Reiches unter König Wenzel*, Braunschweig, 1875, in-8°, t. I, p. 430).

2. Les noms de ces ambassadeurs, qui m'ont été d'ailleurs révélés par un autre document, et dont l'un est cité par M. Th. Lindner (*Papst Urban VI*, dans *Brieger's Zeitschrift für Kirchengeschichte*, t. III, 1879, p. 420), sont laissés en blanc dans les deux manuscrits. La présence du duc de Brabant Wenceslas à Paris au mois de juillet 1380 est attestée par d'autres documents (*Publications de la Section historique de l'Institut [de Luxembourg]*, t. XXIV, ii, p. 179), mais nulle part on ne lui attribue la qualité d'ambassadeur du roi des Romains, bien qu'elle résulte implicitement du texte d'une charte du 13 juillet 1380.

3. Ce ne peut être que Robert de Noyers, l'un des deux ambassadeurs envoyés par le duc d'Anjou en Portugal au mois de mars 1377 : des lettres du roi Ferdinand lui attribuent la double qualité d'archidiacre de Rouen et d'archidiacre

continuarem quod inceperam et ordinarem me ad dictam proposicionem solempnem. Sed finalis deliberacio vestra fuit quod ex causa predicta proposicio sollempnis debebat et poterat excusari. Propter quod, princeps serenissime, quia invitto auditore nemo libenter refert....., si minus bene vel minus solempniter aliqua fuerint dicta vel proposita, vestra Serenitas me habeat racionabiliter excusatum. Et ideo sine theumate et alia introductione :

Veniendo ad tercium principale, dulci[s]sime princeps, mortuo sancte memorie domino Gregorio papa XI°, qui utinam in agibilibus mundi esset magis expertus et non dimisisset ecclesiam Dei sub tanto periculo, Romani, mala sua solita condicione....., fecerunt elegi in papam, verius in antipapam, ex quo consensit, Bartholomeum, olim Barrensem archiepiscopum et primo Theruntinum [1], per notoriam impressionem ut inferius deducetur. Cum enim supervenerunt domino meo, regi Portugalie, nova certa per suos qui erant ibi de modo assumptionis premisse, et audivi[s]se[t] a suis magnis litteratis quod talis eleccio erat, prout est, de jure dampnata, nec per eam poterat esse papa, nisi iterum spontanee eligeretur, fecit vigore (*sic*) jurium de hoc loquencium sub suo ydiomate fideliter copiari et transferri vel interpretari cum vera declaracione doctorum ; quod cum sepius perlegisset, fuit in ejus anima unus grandis scrupulus generatus quod iste non erat papa. Post hec ad paucos dies, princeps clari[s]sime, supervenerunt nova per suos venientes quod iste Bartholomeus non signabat ut papa, et quod steterat per mensem et ultra a die consecracionis quod non apposuerat manum ad signandum. Et tunc eciam magis augmentari sibi cepit scrupulus antecedens, credens quod non signabat quia se non habebat pro papa, et incepit communiter dici quod ipse et cardinales assumpserunt istam viam ut pretextu istius elecionis recedere possent a Roma, et postmodum eum vel alium libere eligere, ut decebat.

Ad aliquos postea dies iste Bartholomeus misit ad eum ambaxiatores suos, quorum unus fuit unus miles neapolitanus, credo Robertus nomine, et alius fuit dominus Johannes [2] qui modo est

de Cordoue (Bibl. nat., ms. fr. 5044, n° 70). Quant au titre de secrétaire du roi de France, Robert de Noyers se l'attribue lui-même en présentant à Clément VII un rôle de suppliques auquel ce pontife répondit le 17 mars 1380 (Arch. du Vatican, *Liber supplicat. Clem. VII antip.,* anni II pars IV, fol. 209 r°).

1. Pour : « Acherontinum ». Barthélemy Prignano avait été transféré de l'archevêché d'Acerenza à celui de Bari.

2. Jean de Roquefeuille.

2

cum domino Petro de Barreria, presbytero cardinali, quem ego modo bene cognovi in Avinione; nam primo non cognoscebam eum. Et isti detulerunt sibi ex parte dicti Bartholomei, se pro papa gerentis, prout gerit, unam peciam scarleti, et similiter uxori sue; nescio si que alia encenia detulerunt. Que quando fuerunt oblata dicto domino meo regi, majorem scrupulum generarunt, videns quod istut non erat de more Romanorum pontificum quando noviter creabantur, adminus in illo regno.

Postea iste miles neapolitanus ad partem et secrete tractavit cum dicto domino meo rege, ex parte dicti Bartholomey, ut vellet [es]se inter alios principes catholicos filius unicus matri sue et se vellet cum eo singulariter confederare et colligare contra omnes et singulos, cujuscunque gradus, status, condicionis et preheminencie et dignitatis essent, qui contra ejus statum vellent aliquid dicere vel movere, promittens regi ex parte dicti intrusi gracias singulares ad exaltacionem corone sue, et se offerre semper sibi favorabilem in petendis. Set rex noster respondit quod non inteligebat eum bene, nec quid vellet dicere per hec verba. Nam, si petebat quod ligaretur cum eo contra occupatores terre Ecclesie, dixit quod ipse erat in extremo occidente, et ideo non poterat bene sibi servire in istis : hoc poterant melius facere catholici christiani qui erant propinquiores sibi. Hec dicebat rex desiderando audire ab alio, ejus nomine, si cardinales intendebant moveri contra eum, propter scrupulum ex superioribus generatum. Breviter ille miles nichil sibi voluit apperire de intencione cardinalium.

Post ista, rex habuit ad partem illum alium ambaxiatorem et nuncium seu dominum Johannem, scutiferum cardinalis presbyteri memorati; et in conferendo cum eo de ista materia, iste miles habuit regi apperire materiam sub secretissimo secreto, et provisione[1] sibi facta per regem quod non revelaret alicui nisi homini multum sibi acepto, et de quo singulariter confideret; et dixit sibi eciam, ex parte aliquorum dominorum cardinalium, quod ipsi non habebant istum Bartholomeum pro papa, et quod intendebant quam cito comode possent fugere de Roma, et alium sibi eligere in verum vicarium Jhesu Christi, et non permittere populum Dey seduci, et exponere se, ut veri zelatores[2] fidei et capud christianitatis, propter fidem, omni periculo et timori. Rex, audita materia, fuit turbatus in sermone; et

---

1. Peut-être pour : « promissione. »
2. *Mss.* : zelacionis.

nescio si alicui alteri dixit, quod non credo : sed testificor quod dixit tunc michi, in loco de Moledo, Ulixbonensis diocesis[1], ubi tunc infirmabatur, presente regina, uxore sua, injungens michi quod tenerem secretissime sub debito fidelitatis, cum, si panderetur, cardinales essent in periculo inevitabili mortis, et fides catholica gravissime pateretur. Et iste Johannes dixit sibi quod sperabat quod, antequam ipsi retrocederent de Yspania, haberetur verus papa, et ita factum fuit de facto : per quod apparuit quod sic habebat a cardinalibus in mandatis. Et iste Johannes dixit regi quod domini cardinales eciam aliquibus aliis principibus catholicis de quibus (non) confidebant, faciebant hec manifestari oculte.

Postea, ad paucos dies, supervenerunt nova de recessu cardinalium de Roma, et quomodo intraverant Anagniam, et qualiter procedebant contra intrusum, et erat scandalum inter eos. Non fuit multum de tempore, sed breve, scilicet quod post ista nova supervenerunt certa nova quod dominus noster Clemens septimus, tunc vocatus cardinalis Gebennensis, erat electus voluntarie per cardinales in verum papam et verum vicarium Jhesu Christi, et postea quomodo fuerat honorifice coronatus. Ad aliquos dies post, dominus noster scripsit domino regi creacionem suam et rogavit eum et monuyt ut ab obediencia illius intrusi recederet, et eum in verum papam reciperet et haberet ; significans sibi ex premissis electionem alterius esse nullissimam et dampnatam, exortans eum ut portantes et utentes illius litteris caperentur et sibi adherentes vel faventes verbo vel facto. Et fuit super hoc nuncius apostolicus unus frater Predicator, magister in theologia, inquisitor heretice pravitatis in Aragonia, quem ego bene cognosco[2]. Et fuerunt sibi presentate littere in loco de Villanova, Ulixbonensis diocesis[3]. Istis litteris rex noluit respondere, donec super tanto negocio magnum consilium teneretur.

Et tunc fecit factum poni in consiliis, et super hoc magna consilia que longo tempore duraverunt, prout arduitas tanti negocii requirebat. Et recordor quod primum dubium in Consilio fuit utrum rex de necessitate salutis tenebatur apponere manum super

---

1. Mollédo, paroisse d'Estramadure (arrondissement de Torres Vedras), où se voient encore les ruines du palais royal.

2. Nicolas Eymeric.

3. Probablement Villa Nova de Turquel, en Estramadure (district de Leiria). Cependant d'autres localités du nom de Villa Nova sont situées dans le diocèse de Lisbonne.

isto facto et dare opem et operam ad pacificandum tantum scandalum et subvenire fidei et Ecclesie sancte Dey, vel utrum, ex quo causa erat inter clericos et personas ecclesiasticas, sufficiebat sibi stare et non apponere manum alicui adjutricem, et dimittere Deo, cujus causa agebatur, qui tanto periculo subveniret. Et istud dubium fuit satis prolixe disputatum, et similiter fuit conclusum quod rex peccabat mortaliter et tenebatur, nisi apponeret manum ad pacificandum Ecclesiam suam sanctam. Raciones que fuerunt concludentes erant, in effectu, quod quilibet princeps catholicus de necessitate salutis tenebatur defendere ab omni errore et ab omni persecucione fidem et catholicam legem Christi. Secunda racio fuit quod quilibet catholicus princeps tenebatur de necessitate salutis defendere Ecclesiam sanctam Dei, et maxime in periculo scismatis constitutam. Tercia racio fuit quod quilibet princeps catholicus de necessitate salutis tenebatur defendere et honorare dominum verum papam et dominos cardinales et ceteros Ecclesie ministros : catholici principes non solum contra facientes, sed ista negligentes, peccabant mortaliter et obligabantur ad infernum.....

Veniendo ad minores proposiciones, fuit dictum in Consilio, quod condolendo refero, quod negari non potest quin hodie habeamus in lege manifestum errorem, durum Ecclesie persecutorem, clericorum pravum impugnatorem. Nam ex isto scismate nascitur error manifestus in lege, quia cum secundum fidem una tantum sit Ecclesia sponsa Christi, immaculata, non habens maculam neque rugam, mater omnium fidelium et magistra, extra quam nullus salvatur, et una fides et unum babtismum....., aliqui nephandissimi, christiani nomine, hodie ponunt unam aliam, que est ecclesia malignancium..... Et ex isto errore sequitur alius error, scilicet ydolotria (*sic*), de necessitate, quod probo. Ista mala Ecclesia non potest facere episcopos, et facit de facto ; nomine isti antiepiscopi celebrant et ordinant alios antipresbyteros, qui similiter celebrant et dicunt se consecrare[1], quod non est verum. Nam sacramentum altaris non nisi a presbytero recte ordinato secundum claves Ecclesie conficitur.....

Videte, christianissime princeps, si est persecutor Ecclesie qui vasa Domini et movilia Ecclesie et sacra jocalia vendit vel destruyt et monetam cudit et castra Ecclesie et ecclesiarum vendit ad tradendum gentibus armorum, ut in sua nequicia teneatur[2]. Dicebatur ergo

---

1. *Mss.* : conficere.
2. Cf. le passage suivant du journal de N. della Tuccia : « Detto papa Urbano

in Consilio : Si alter istorum est papa, concluditur quod alter est antipapa, et per consequens ordinati per eum non episcopi, neque presbyteri, et per consequens non corpus Christi, sed dampnatum sacrificium quod ab eis demonstratur, et per consequens honorantur non clerici et pro clericis reputantur, et sic lex et sacerdocium confunduntur.

Ex istis ergo fuit conclusum in Consilio quod de necessitate salutis, de presenti causa, tenebatur rex noster apponere manum et extirpare illam que malignancium reperiretur Ecclesia, saltem in regnis suis, et sanctam Ecclesiam totis viribus defensare et pacificare pro posse.

Tunc fuit secunda questio in Consilio post istam, que non modicum duravit : quid deberet rex facere et quam viam teneret in hac causa? Et super hoc fuerunt varie oppiniones. Aliqui dixerunt, de quorum numero ego fui, quod erat expediens ad celeriorem expedicionem quod principales reges catholici et domini temporales requirirentur (*sic*) per regem nostrum quod zelo fidey et Ecclesie omnes ponerentur sub indiferencia, et deputaretur unus locus segurus et magis comunis omnibus ubi Consilia ipsorum congregarentur, et sciretur veritas facti per divinos et bonos omines; et in casu in quo interim Ecclesia non concordaret, quod ipsi faverent illi qui meliorem et probabiliorem causam haberet; requirendo primo omnes quod vellent concordare et Ecclesie providere. Et offerebam me ad sustinendum laborem, ad expensas eciam meas, zelo fidei et Ecclesie et religionis mee, sub qua a cunabulis extiti[1] ordinatus..... Secundo ista via non fuit acceptata per omnes, et fuit una fortis causa et allegacio aliquorum qui contra me obtinuyt, licet non volenter. Dicebant enim quod illorum qui sequebantur partem Bartholomei aliqui sequebantur eam propter peccata nostra, non habendo respectum ad fidem et ad religionem nostram, sed solum invidia et inimicicia Gallicorum et vestra; et isti erant et sunt omnes inimici vestri notorii, gloriosissime princeps : nam isti invident vobis, quod habeatis Ecclesiam vobis caram, et quod Ecclesia habeat, prout habet, vos in singularem filium et fidei zelatorem, et merito propter magna que progenitores vestri et domus vestra fecit ab origine nascentis Ecclesie pro Ecclesia

---

guastò molti calici, croci e altri argenti per far denari da pagare i soldati. » (Ignazio Ciampi, *Cronache e statuti della città di Viterbo*, Firenze, 1872, in-fol., p. 39.)

1. *Mss.* : extitit.

sancta Dei, ut inferius deducetur. Sic isti fecerunt tempore scismatis Petri Leonis[1] : nunquam voluerunt adherere vere Ecclesie, eciam si beatus Bernardus, qui illo tempore florebat, magnis fuerit temporibus inter eos, donec papa in propria persona debuit ire ad eos, ut possunt videre legentes vitam prolixam beati Bernardi diligenter et cronicas scismatis supradicti. Et tamen si considerarent quanta beneficia singularia ab Ecclesia receperunt, probari posset juridice et deduci quod Ecclesia est persecuta eos magis favorabiliter et benigne quam ceteras naciones..... Aliquorum intencio est adherere isti Bartholomeo propter eorum superbiam et zelacionem, non zelo religionis nec fidey, set scienter errantes ut obstinati; et isti sunt elati Romani. Isti enim per superbiam dicunt et asserunt quod papa non debet sedere nisi inter eos. Ymmo aliqui dicunt quod non potest alibi sedere; propter quod multi in diversas hereses inciderunt, et aliqui igni cremati sunt. Quis ergo posset ad equitatem reducere gentem superbissimam et elatam? Aliqui alii sequebantur illius partem concernendo proprias utilitates et commoda temporalia, et in ista intencione dicebantur esse comuniter Ytalici et Lombardi. Tenent enim quod, Ecclesia stante in Ytalia vel in Lombardia, majores gracias, beneficia, dignitates et officia ab Ecclesia consequuntur, et terra ipsorum magis ditabatur in immensum; et habent pro gravi quod gentes Francie sint ipsorum gubernatores et officiales, et jam super hoc varias epistolas et maliciosas et venenosas scripserunt, prout vestra Serenitas non ignorat; et de istis ad veritatem non est mirandum : naturaliter inest eis quod non cognoscunt dominos suos, set revellant et sunt eis infideles..... Nec minus Romani et Ytalici sunt inimici Francie et Francorum : nam Francigeni destruxerunt et devastarunt totam Ytaliam pro eo quod non solvebant decimas et ecclesias opprimebant.....

Aliqui sequebantur istam partem non maliciose, set credentes illam partem esse veram : et vere pro tunc in ista intencione erant communiter omnes Yspani.....[2], Alamani et Ungari, ut inter nos tractabatur; et dicebatur quod ista pars poterat ad istam indiferenciam trahi, sed alie gentes superius enarrate nequaquam. Adhuc instabam quod, si iste traherentur ad hoc, esset una magna pars mundi, propter quod scisma non esset ita forte. Item dicebam quod,

---

1. L'antipape Anaclet, qui, à partir de 1130, disputa la tiare au pape Innocent II.

2. *Mss. :* ita quod; *ou :* causa quod.

deductis istis, alie gentes magis faciliter traherentur. Item dicebam primo quod non nocebat temptare cum temptatio esset bona; majora enim apostoli temptarunt. Finaliter in Concilio fuit conclusum quod ista via non erat expediens, quia quasi erat impossibilis et longa multum. Eciam dicebant aliqui quod petere hoc pertinebat ad Imperatorem principaliter, et quod differremus tenere istam viam ad videndum si Imperator faceret quod debebat. Exclusa ergo ista via, post longa consilia fuit obtentum et conclusum quod rex noster per fideles homines et devotos certificaret se ante omnia de facto, cum omnibus circumstanciis oportunis, cum ex facto oriatur jus, et tunc poterat secure virificare conscienciam suam et adherere vero pape. Et ita factum fuit, et fuerunt isti inquisitores religiosi homines et, quatinus mundus scire potest, sancte vite et immaculate, et litterati, ne de facili illaquiarentur; et fecerunt Rome inquisicionem diligentem in hominibus fide dignis qui fuerunt presentes tempore impressionis supradicte; et, quando venerunt, deduxerunt articulos subsequentes, ut notorios et omni dubitacione carentes.

Primo quod, post mortem domini Gregorii, ultimo immediate summi pontificis, in Urbe decedentis, domini cardinales fuerunt per Romanos et sub potestate Romanorum incarcerati curialiter sub custodia diligenti portarum et pontium civitatis, sic quod non solum cardinalibus, set neque alicui homini erat potestas dimittendi Urbem sine expressa voluntate et licencia Romanorum.

Secundo quod isti dampnati Romani requisiverunt, non semel, set pluries, predictos dominos cardinales extantes in Urbe, eciam sub verbis impressivis, quod eligerent Romanum, vel Ytalicum adminus, alias videbant saluti ipsorum inevitabilia pericula preparata, et iste articulus per solos cardinales haberi potuit et probari.

Item quod Romani expulerunt de civitate multos nobiles et potentes Romanos et Ytalicos per quos furor populi reprimi poterat, si presencialiter interessent.

Item quod Romani fecerunt ad civitatem venire maximam multitudinem rusticorum, ad majorem timorem populi concitandum, sicut moris est in Ytalia fieri, cum in civitatibus, villis vel locis quando scandala suscitantur.

Item quod, quando cardinales intrarunt conclave ad eligendum, et ante, et post continue quousque dictus Bartholomeus fuit intrusus, Romani in multitudine armatorum hominum villium, ferocium et male condicionis, de quorum furia quicunque[1] constans timere

____

1. *Mss.* : quemcunque.

poterat et debebat, tenebant et tenuerunt de die et de nocte obsessum conclave et papale palacium, et cardinales ibi stantes, postquam intraverunt conclave memoratum, ubi debebat summi pontificis electio celebrari, sic quod cardinalibus non erat libertas inde recedere sine eorum volumptate.

Item quod, stantibus dominis cardinalibus in tractatu electionis futuri summi pontificis intus in conclavi supradicto, et quando intrarunt conclave, dicte gentes armorum clamarunt sepius et instanter altis vocibus furiosis et comminatoriis : « Romano lo volemo, o a lo manco manco Ytaliano, » adhicientes minas mortis cum nuttibus furiosis cardinalibus, si contra facerent eligentes.

Item quod, ad majorem furiam populi concitandam, videntes quod cardinales non eligebant Romanum, prout ipsi petebant, vel Ytalicum, et ut cardinales magis timerent et scicius eligerent ad eorum voluntatem, fecerunt unam campanam ad martellum ferventer pulsari ad vocandum totum populum Romanorum, sicut moris est fieri ad in talibus scandalis obtinendum (*sic*).

Item quod, licet cardinales timentes tali timore promitti faciebant eis, propter tantum periculum evitandum, quod cessarent a predicto tumultu et quod incontinenti consolarentur eos de Ytalico vel Romano, nunquam cessare voluerunt, nisi aliquo modico temporis intervallo, nec tunc de palacio recedere voluerunt.

Item quod Romani, credentes se per cardinales seduci, et amplius non volentes furiam continere, cum tamen adhuc non essent nisi in secunda die post ingressum conclavis, furiose et cum armis irruerunt contra cardinales, pro eo quod non eligebatur Ytalicus vel Romanus, et fregerunt conclave per violenciam per diversas partes, ubi stabant cardinales, et intrarunt ad eos, nec minus fecerunt secretam capellam ad quam cardinales se metu recollexerant Romanorum, nec tractaverunt cardinales decenter in personis.

Item quod, in dicto periculo constitutis dictis dominis cardinalibus[1], et dicto metu et impressione durantibus, fuit dictus Bartholomeus ab eisdem in summum pontificem nominatus[2].

Item quod post ista cardinales, quam cito comode potuerunt, recollexerunt se in Anagnia et postea in civitate Fundana, fugientes de Roma, et ibi dominum nostrum Clementem pacifice et quiete in

---

1. *Mss.* : constituti domini cardinales.

2. L'ordre dans lequel sont disposés ces articles pourrait faire croire que la rupture du conclave précéda l'élection d'Urbain VI. Il n'est point vraisemblable que les commissaires portugais soient tombés dans une aussi grave erreur.

tota sua libertate existentes in verum papam elegerunt et ipsum sollempniter intronisarunt, ut est moris. Non nomino dies, menses et annos, quia non est necessarium, ne detineam diem in verbis.

Habita autem ista informacione fidedigna, fuit positum in Consilio quid fiendum, et post multa fuit conclusum quod cum constaret manifeste et notorie de mala et ylicita intronisacione et eleccione et assumpcione istius Bartholomei ad papatum, non erat ulterius in possessione tollerandus, cum esset persona que nullum recognoscebat superiorem.....

Dominus ergo noster rex habens conscienciam vulneratam de tantis, confirmando conscienciam suam cum juribus communibus et racionibus naturalibus super quibus fundantur, necnon ponderans malam consuetudinem Romanorum, qui sunt consueti suos intrudere in papatu....., nec non audiens de sevicia, stulticia et mala condicione Romanorum, intelligens notorietatem impressionis predicte, videns quomodo omnes domini cardinales ab ejus obediencia reces[s]erant, non habendo eum pro papa, de quorum omnium, vel ad minus multorum, bonitate et sanctitate videbatur sue consciencie quod poterat confidere, quia non poterat presumere, nec presumit quod tanti domini tamque litterati senes et antiqui vellent subvertere fidem et ponere mundum in tanto errore; nec non videns quod boni domini de Ytalia catholici et christiani fideles non habent eum pro papa, sicut est illa fidelissima et constantissima vassalla Ecclesie, domina Johanna, regina Secilie, et ille catholicus homo comes Fundorum [1], de cujus sanctitate est merito confidendum, et eciam multi boni religiosi; propter ista et alia que sub silencio obmitto, deliberavit non obedire dicto Bartholomeo et recedere ab ejus obediencia, et recessit. Verumptamen, quod adhuc ex toto non habebat clarificatam conscienciam suam, et habebat dubia, que, secundum judicium meum, erant duodecim numero, circa justiciam domini nostri Clementis septimi, de judicio sui magni Consilii voluit esse indiferens, donec de istis dubiis posset lucidare conscienciam suam. Post hoc vero quasi ad duos menses, istammet viam secuti sunt omnes reges catholici Yspanie, scilicet rex Castelle, Aragonie et Navarre, de quo summe placuit regi propter bonum fidey et Ecclesie et animarum omnium catholicorum Yspanie et suarum (sic) quos diligit in visceribus karitatis.

Post hoc, fidelissime princeps, laboravit rex noster ad habendum solucionem super dubiis que habebat; et habuit ita claras soluciones et

______
1. Onorato Caetani, comte de Fondi.

responciones quod fuerit merito contentus, et ex toto ejus consciencia lucidata. Et fuit et est in opinione absque dubio quod dominus noster Clemens erat, prout est, verus papa et verus successor Piscatoris. Dubia autem que et qualia erant et responsiones ad ea recitarem coram Serenitate vestra, nisi quia timeo vos gravare : set qui habere voluerit, poterit invenire sub publica scriptura declaracionis regis nostri que in archivio Romane ecclesie reservatur[1]. Post hec, victoriosissime princeps, dominus noster rex iterum aliquo tempore spectavit ad videndum si ille Bartholomeus aliquid poterat docere vel dare de jure suo. Qui nichil dedit, licet longo tempore expectatus ; ymmo, presente uno abbate[2] quem ipse Bartholomeus misit in Aragoniam, qui pro eo allegavit et probavit quicquid potuit de jure et de facto, inventum fuit per illustrem regem Aragonie quod Bartholomeus nullam justiciam habebat, et ab ejus obediencia rex Aragonie recessit. Quod ille abbas videns aufugit, nec amplius venit in Yspaniam ad predicandum illam sectam super qua fuerat missus ad totam Yspaniam. Quod fuit ad confirmationem inquisicionis facte per catholicos regis Portugalie inquisitores. Post hec dominus noster Clemens septimus iterum misit ad dominum nostrum regem alios legatos et nuncios apostolicos, scilicet dominum Pensauriensem[3] et dominum camerarium Albaniensis[4], viros utique providos, catholicos et honestos, per quos iterum rogavit eum ut vel[l]et se pro veritate Ecclesie et sua declarare, recognoscendo eum in verum vicarium Jhesu Christi.

Super quo iterum fuerunt magna consilia, et dicebatur ab aliquibus quod sanius erat pape et Ecclesie Dei quod scriberetur ex parte regum Yspanie aliis regibus quod vellent se ponere sub indifferencia, quam declarari pro parte ejus ; et dicebatur quod eciam idem de vobis : nam inimici Francie et Castelle et Ecclesie magis faciliter venirent ad hoc quando non ostenderetur aliqua parcialitas inter eos, et per consequens recederetur per omnes ab obediencia illius intrusi. Set aliis fuit visum istud non expedire : nam dicebant quod, ex quo nullum dubium erat regi quin Clemens esset papa, non recognoscere eum in papam erat scismaticare expresse, et per consequens peccatum mortale.....

Item dicebant quod non erat certum quod alii vellent illum deserere ; set erat presumendum quod ve[l]lent nos trahere sua versucia ad

---

1. Je n'ai point retrouvé cette déclaration aux archives du Vatican.
2. Perfetto Malatesta, abbé de Sassoferrato.
3. Ange, évêque de Pésaro.
4. Sans doute un camérier d'Anglic Grimoard, cardinal-évêque d'Albano.

infidelitatis errorem; et dicebant quod expediebat quod vera Ecclesia juvaretur, ut cum de facto per multos scismaticos esset subplantata, iterum erat subveniendum fidei, ne gentes ex diuturnitate temporis magis presumerent quod ille Bartholomeus esset verus papa; et non erat sanum dimittere populum dubitare : maxime enim populus grossus adhereret comuniter illi Bartholomeo propter tempus in quo cardinales eum prestiterant (*sic*), et quia nesciunt quid sit intrusio, vel impresio, nec mala electio pape, cum sit longissimum tempus ex quo Ecclesia recessit de Ytalia : laudetur Deus quod non fuerit scisma in Ecclesia sancta Dey! Item dicebatur quod essemus acephali stando sine capite, quod juridice dampnatur.....

Auditis racionibus universis, propter bonum consciencie, fidei, et legis, et Ecclesie, de magno judicio nostri regis Portugalie et sui magni Consilii, in concordia fuit ista pars a domino nostro rege et a suo magno Consilio aprobata. Non enim potuit rex noster Ecclesiam veram Dey in suis regnis non juvari (*sic*), et quod non ostenderet cum effectu devocionem quam semper habuit Ecclesie sancte Dey, que quasi inest sibi a natura ex successione parentum, ut inferius deducetur. Declaravit ergo se in civitate Elborensi, cum sollempni mis[s]a, quam ego indignus celebravi, et cum sollempni sermone ex informacionibus supradictis. Ista declaracio, inclitissime princeps, fuit facta per regem nostrum non zelo alicujus parcialitatis, non intencione alicujus private utilitatis, set fervore devocionis, fidei, justicie et veritatis, volens providere consciencie sue et suorum, et pacificare Ecclesiam sanctam Dei, et subjectos suos a pecato ydolatrie (*sic*) preservare, veros ministros Ecclesie defendere et honorare.

Illa enim domus, gloriosissime princeps, fundata est in ampliando fidem et Ecclesiam et divinum cultum. Parcat michi Serenitas vestra! Non lego multos reges qui ampliando fidem adquirerent sibi regni coronam, cum alias non essent reges : set lego regem Portugalie solo zelo fidei catholice adquisivisse sibi coronam regni, cum alias non esset rex, ab infidelibus Sarracenis. Unus simplex comes erat Alfonsus primus, rex Portugalie illustris, qui acquisivit a Sarracenis fere totam terram quam habet, nec dimisit unum in confinibus suis, set ejecit eos ultra mare, et in terra sic acquisita coronatus est rex, non quod haberet regnum ex successione, vel donacione, vel alio titulo, licet esset de puro sanguine regum Yspanie et descendens recta linea ab eodem, set sola acquisicione bellica contra tales. Etsi Sarraceni sunt in Yspania, non in confinibus Portugalie, set Castelle et Aragonie, nec rex noster posset habere ingressum ad eos nisi per terram Castelle et longam satis : alias non dubito quod non continuet eos ibi morari sub perfidia Mahometi. Propter quod rex noster facit quinque scuta in modum crucis cum quinque ictibus, in quolibet scuto in asulio et albo[1], pro eo quod in bello victorioso in quo obtinuyt contra infinitos Sarracenos in campo de Eurrique[2] inventa sunt in corpore regis quinque ictus in modum crucis[3].

Set monstretur devocio regni Portugalie ex fundacione, dotacione ecclesiarum et monasteriorum et aliorum piorum locorum ! Possum dicere cum vera consciencia, quod in tota[4] terra non vidi ecclesias et monasteria per reges sic dotatas et exaltatas. Ymmo comuniter inter nos dicitur : « Totum regnum Portugalie est ecclesiarum et monasteriorum. » Et generosi aliquando hoc allegant pro se, quando per reges impetuntur ut serviant potenter, prout debent. Possum sine lesione consciencie dicere quod rex Portugalie sexcentas ecclesias et monasteria ad ejus presentacionem in solidum ex fundacione et dotacione pertinentia [habet]. De hoc possunt perhibere testimonium gentes vestre que viderunt et audierunt.

Nolo obmittere unum dignum memoriale quod nostris temporibus noscitur esse factum, quando transcivit ille potentissimus rex Almohacam, rex Agarenorum[5], cum sexaginta milibus armatorum ad conquestandum Castellam, propter mortem filii sui infantis Picarti[6]; quem magister Alcantare Gondissalvus Martini[7] interfecit et devincit (*sic*) in bel[l]o. Si fuit alius rex in Yspania catholicus qui iret corpore proprio, ad expensas eciam, non expectatis gentibus suis, cum videret periculum fidei et legis, cum solis milibus armatorum, zelo fidei et religionis ad debellandum eos, nisi inclitissimus rex Portugalie dominus Alfonsus, quartus rex Alfonsus in Portugalia, avus domini nostri regis ? qui in bello primo devicit regem Granate et effugavit inimicos in ore gladii, antequam rex Castelle, Alfonsus similiter, transiret solum aquam que appellabatur *el Salado*[8]. Videte, illustrissime princeps, si probatur devocio quam semper illa domus

1. Allusion aux armes du roi de Portugal : un écu chargé de cinq écussons posés en croix chargés de dix besants posés 3, 2, 3, 2.

2. Victoire remportée par Alphonse Ier dans les champs d'Ourique, le 25 juillet 1139.

3. Suivant une légende qui s'appuie notamment sur un acte faux d'Alphonse Ier (Manrique, *Annales Cisterciences*, t. I, p. 422), les armoiries des rois de Portugal rappellent une apparition du Christ au vainqueur d'Ourique.

4. *Mss. :* tauta.

5. Abul-Assan ou Alboacen, roi de Maroc.

6. Abul-Malic.

7. Gonçale Martinez d'Oviédo.

8. Il s'agit de la fameuse bataille de Salado, livrée le 30 octobre 1340.

habuit ad fidem et Ecclesiam sanctam Dei. Propter quod Ecclesia Romana et summi pontifices confitentur, se eam inter alias domos christianitatis diligere caro dileccionis affectu..... Et, non expectatis eciam gentibus suis, yvit ad tradendum se ipsum pro Christo, qui tradiderat se pro eo. Non fecit hoc iste miles Christi stipendiatus, nec propter aliquam utilitatem personalem, sed zelo fidey. Non pepercit labori corporali, periculo et expensis. De isto poterat dici, cum Paulo (*Ad Rom.*, VIII), quod nec mors, nec vita, nec angeli, nec principatus, nec virtutes, nec instancia, nec futura, neque fortitudo, neque altitudo, neque profunditas, neque creatura alia poterat eum separare a karitate et a fide Christi[1]. Sub isto ergo processu concludendo primam partem tercie partis principalis, et ex causis superius enarratis, rex noster fuit pro parte domini Clementis septimi publice et sollempniter declaratus. Sic sum expeditus de ista prima parte tercie partis principalis.

Veniendo ad secundam partem dicte tercie partis, in qua debeo proponere causam impulsivam et finalem nostre ambaxiate ad Serenitatem vestram, est sciendum, potentissime princeps, quod, postquam rex noster sic extitit declaratus, dominus noster papa inter alia scripsit sibi quod, cum ad domum Portugalie inter alias domos mundi post Franciam gereret singularem dileccionis affectum, quem semper gessit Romana Ecclesia ex causis superius enarratis, ut superius est probatum, desiderabat quod domus Portugalie cum domo Francie esset confederata et colligata quadam singulari karitativa colligacione et confederacione, maxime super fide et ad defencionem Ecclesie sancte Dey. Injuncxit ergo sibi per litteras suas quod vellet mittere ad Serenitatem vestram ambaxiatores suos cum plena potestate confederandi, colligandi se cum Serenitate vestra, maxime ad defencionem Ecclesie. Tunc rex mandavit et fecit istud factum poni in consiliis, et inter alia fuerunt tractata in Consilio quod ista vestra domus et corona Francie fuit semper et ab exordio nascentis Ecclesie et est domus catholica et devota, quod satis ostendunt et demonstrant cronice antiquorum. In Francia enim magis florent ecclesie et monasteria et prelati quam in aliis mundi partibus, ut patet ad oculum cuilibet intuenti : ex quo manifeste regum Francie devocio quam habent ad Ecclesiam demonstratur. Fuit eciam dictum quod vestra domus Francie nuncam adhesit falso pape quem memorie haberemus, licet multa scismata precessissent. Fuit eciam dictum in tractatu quod ista

1. *Rom.*, VIII, 38, 39.

sancta corona Francie fuit semper principale scutum et principalis defensio fidei et Ecclesie, quod satis demonstrant antique cronice, ut est dictum, cum ibi fuerint ad memoriam deducta multa singularia que ista domus Francie fecit pro Ecclesia sancta Dei, que obmitto narrare, cum sint notoria universis. Videor adulator, set tantum deducam juridice quod (tantum) fecit ista nobilis corona pro Ecclesia, quod in personam Karoli Magni, regis tunc Francie, imperium a Grecis translatum extitit in Germanos..... Propter quod Alamani ad nullam nacionem mundi magis deberent affici quam ad Francos, cum per eorum manum imperium habuerint. Propter quod ista corona merito est flos christianitatis et fidei inter principes seculares catholicos, et ideo merito facit flores in signo suo, sibi divinitus revelatos : nam melior corona est de floribus..... Demum fuit, ex altera parte, in Consiliis deductum quod domus Portugalie obligabatur et debebat diligere domum Francie inter alias domos mundi : nam quando regnum Portugalie male et inutiliter regebatur per dominum Sancium, tunc Portugalie regem[1], sic quod fere destruebatur ex toto, dominum Alfonsum, comitem Bononiensem in Picardia[2], sub rege Francie, fratrem dicti domini Sancii, in coadjutorem pecierunt ab Innocencio quarto, qui tunc apostolatui presidebat; et favore regis Francie habuerunt eum in coadjutorem regis et regni, et fuit regnum per eum reparatum et salubriter gubernatum. Postea, mortuo domino Sancio sine filiis et herede, dictus dominus Alfonsus habuit regnum, et fuit in regem assumptus, cum ad eum, ut ad fratrem legitimum, de jure successio volveretur. Hec omnia facta fuerunt, et in regni favorem, auxilio et favore regis Francie..... Cum ergo rex noster Fernandus sit quartus in recta linea descendenti ab illo domino Alfonso, rege Portugalie, olim comite Boloniensi (nam ille habuit dominum Dionisium in filium, qui regnavit in Portugalia multis annis[3]; Dionisius habuit dominum Alfonsum quartum, qui obtinuit contra Sarracenos, ut superius est narratum; Alfonsus habuit dominum Petrum[4], patrem regis nostri : et sic rex noster est quartus ab illo), quare fuit quod rex noster debebat diligere istam coronam et istam domum Francie inter alias

---

1. Sanche II.

2. Alphonse III, comte de Boulogne par son mariage avec Mathilde d Dammartin.

3. Denis le Libéral régna quarante-cinq ans sur le Portugal.

4. Pierre Ier, mari d'Inez de Castro.

domos. Et ideo nunquam est inventum quod nunquam corona Portugalie aliquid faceret contra coronam Francie quoquo modo [1]; sed semper fecit pro ea quidquid potuit. Propter quod fuit conclusum in Consilio quod mitterentur ambaxiatores ad renovandum premissa et firmandum predictas confederaciones et ligas sub clausulis et condicionibus de quibus esset conventum et concordatum inter partes. Ob istam causam est missus iste miles strenuus et generosus miles (*sic*) ex parte dicti domini nostri regis ad Serenitatem vestram, et ego, qui minimus sum inter regis creaturas et consiliarios, tamen unus de eis, licet indignus, de ejus gracia speciali. Et hoc est causa ambaxiate nostre, et sic sum expeditus de secunda parte tercie partis principalis.

Concludendo igitur et veniendo ad terciam partem et ultimam tercie partis principalis, in qua debeo solicitare vestram Serenitatem, humilissime princeps, notorium est mundo, quod vestra regalis Magestas intendit pacificare et pacificabit, non dubito, Ecclesiam sanctam suam super isto scismate maledicto, et extirpabit errorem ydolatrie (*sic*) ab catholicis christianis, et faciet unam solam Ecclesiam catholicam predicari in universo orbe inter christianos. Quod summe necesse est, princeps catholice et devote. Nam Greci hac tenus fecerunt et faciunt unam Ecclesiam malignancium : isti Romani intendunt erigere et erigunt aliam de presenti. Necesse est ergo ut magna vestra devocio accendatur et compaciatur Ecclesie sancte sue. Propter quod spero quod de vobis prophetice verificari possit illud Ysaye, XI : « Et flos de radice ejus (scilicet regis et regum Francie) ascendet, et requiescet super eum spiritus Domini, spiritus sapiencie et intellectus, spiritus sciencie et pietatis, spiritus consilii et fortitudinis; et replebit eum spiritus timoris Domini, et spiritu labiorum suorum..... interficiet impium. Erit justicia singulum lumborum ejus, et fides cintorium ejus [2]. » Regnum obmitto moralisare et deducere propter prolixitatem; sed Jesse interpretatur salvacio. Semper enim regnum Francie laboravit super salvacione fidey et Ecclesie, ut superius est deductum.

Cum ergo in vos respiciunt principaliter oculi tocius Israel super pacificacione istius scismatis tam dampnati, et rex noster Portugalie sit filius catholicus Ecclesie sancte Dey, et desiderat pacem Ecclesie...., significat vestre Serenitati per nos quod ipse habet propositum et

---

1. N'empêche que le roi Ferdinand lui-même avait fait à plusieurs reprises alliance avec l'Angleterre.
2. *Isaïe*, XI, 1-5.

intencionem faciendi pro pace Ecclesie, temporibus sibi actis, quidquid per potenciam suam et suorum fieri poterit pro bono et pace Ecclesie militantis, et ad pacificandum tantum scisma.

Nec dubitetis, princeps devotissime, quin Serenitas vestra et domini nostri regis et aliorum catholicorum principum Ecclesiam defendencium debeat obtinere quod probatur verbo Christi et originalibus sanctorum. Christus enim rogavit pro Ecclesia ne deficeret, et nunquam defficit..... Per quod gloriam tam temporalem quam eternam infallibiliter habere potestis. Temporalem enim habebitis, cum quilibet catholicus, videns Ecclesiam reviviscere sub manu vestra, pre gaudio non valens lacrimas continere, cantabit Ecclesie et dicet : « Surge, propera, amica mea, columba mea, formosa mea. Veni ; jam enim yemps transiit, ymber abiit et recessit (scilicet superbia Romanorum et sibi favencium) ; flores aparuerunt (scilicet reges Francie) ; et tempus putacionis adest[1]. » (*Canticorum* II°.) Et inimici vestri dicent : « Quare non revivisceret Ecclesia, quia circumdabant eam flores rosarum et lilia convallium ? » Et ipsamet Ecclesia cantabit et dicet : « Fulsite me floribus, stipate me malis quia amore langueo. Leva ejus (scilicet regis Francie) sub capite meo, et dextera illius amplexabitur me[2]. » (*Canticorum* II°.) De premiis celestibus nullus dubitat, ut dicit textus..... : « Qui pro fide vel fidelium defensione certat, celeste premium consequitur. » Quod vobis et universis astantibus concedat Ipse qui, etc.

1. *Cant.*, II, 10, 11, 12.
2. *Cant.*, I, 5, 6.

Nogent-le-Rotrou, imprimerie DAUPELEY-GOUVERNEUR.

9 782013 445184